HEEL

IMPRESSUM

HEEL Verlag GmbH
Gut Pottscheidt
53639 Königswinter
Tel.: 02223 / 9230-0
Fax: 02223 / 923026

Verantwortlich für den Inhalt: Rolf Rau
Satz / Layout: Artcom, Königswinter
Umschlaggestaltung: Artwork Schumacher, Königswinter
Druck: Lorenz Ellwanger, Bayreuth

ISBN 3-89365-711-8

Printed and bound in Germany

Inhalt

Vorwort

Von kleinen Maschinen und grossartigen Menschen

Die Vespa kann man, ohne ihr zu nahe zu treten, als eine kleine Maschine bezeichnen. Motoren, die selten über 12 PS leisteten, und eine Höchstgeschwindigkeit, die oft nur mir Rückenwind über die 100-km/h-Marke zu treiben war, sind keine beeindruckenden Leistungsmerkmale. Verbunden mit den kleinen Rädchen und dem Image einer „rasenden Einkaufstasche" ist die Vespa als vieles zu gebrauchen, aber als eines nicht, als Statussymbol.
Als ich vor über einem Jahr mit den Recherchen für dieses Buch begann, war ich gespannt auf die Vielfalt in der Geschichte und den Modellen dieser italienischsten aller italienischen Marken. Viel neugieriger aber war ich auf die Menschen, die mir begegnen würden. Was mochten das wohl für Leute sein, die ihr Herz an eine so kleine, fast schon skurrile Maschine hängen, die offenbar viele Emotionen weckt, ohne dabei das Ego des Besitzers allzusehr zu streicheln?

Heute fällt mir die Antwort leicht. Es sind Menschen wie Du und ich, es sind Bastler und Sammler, Reiselustige und Eigenbrötler, Techniker, Lebenskünstler und Sportbesessene, es sind Junge und Alte. Neben ihrer Leidenschaft für die Vespa verbindet diese Menschen noch etwas, das ich in den vergangenen Monaten sehr genossen habe. Offenheit, Freundlichkeit und Gastfreundschaft habe ich bei allen „Vespisti" empfangen, und dafür bin ich dankbar.
Alle, die mich bei der Arbeit an diesem Buch unterstützt haben kann ich hier nicht nennen. Einigen möchte ich jedoch stellvertretend meinen Dank aussprechen: Danken möchte ich Jörg Weißmantel, dem Chefredakteur der SCOOTERING NEWS für seine Kooperation, Norbert Thomas, der mir ein wichtiger Ratgeber war und Harry Wagner von Piaggio Deutschland, der akzeptierte, daß ich einen Testroller einfach nicht zurückgeben wollte (es war Liebe auf den ersten Blick).

Besonderen Dank schulde ich zwei Männern, ohne die dieses Buch nicht das wäre, was es ist. Robin Davy aus München, ein junger und überaus engagierter Sammler, der international tätig ist und Hans Krüger aus Rüdesheim.
Hans Krüger betreibt zusammen mit seiner Familie das größte deutsche Rollermuseum und ist mit seiner über 40jährigen Vespa-Erfahrung die Instanz zum Thema. Stundenlang habe ich ihm zugehört, und es war immer interessant, nein, es war fesselnd.
So ist dies ein Buch über eine kleine Maschine geworden, die große Gefühle weckt, viele Menschen miteinander verbindet und die nie mehr sein möchte als eine Vespa.

Kapitel 1

Pontedera 1946

Die Geburt eines Welterfolges

Der zweite Weltkrieg war verloren, die Fabrikanlagen in Pontedera seit 1943 fast völlig zerstört und außer einem provisorischen Firmensitz im norditalienischen Biella hatte Enrico Piaggio nur eine Idee.
Piaggio, damals 41 Jahre alt, war der Erbe eines Rüstungsimperiums, das vor dem Krieg mit 12.000 Mitarbeitern zu den größten Industrieunternehmen Italiens gehörte.
Sein Vater Rinaldo gründete 1884 in Genua das Unternehmen, und fertigte zunächst Innenausstattungen für Schiffe. 1901 stieg Piaggio in den Waggonbau ein und fertigte später auch ganze Triebzüge und Oberleitungsbusse. Nach dem 1. Weltkrieg begann die Firma mit Flugzeugreparaturen und später mit dem Bau von Flugzeugen zunächst in Lizenz. 1924 wurde Piaggio durch den Kauf einer Motorenfabrik in Pontedera ansässig, am Arno zwischen Pisa und Florenz gelegen. Hier wurde die Produktion innerhalb weniger Monate von LKW- auf Flugmotoren umgestellt, mit denen sich Piaggio in den folgenden Jahren Weltruf erwerben sollte. Wie bedeutend diese Produktion für die Kriegsvorbereitungen Mussolinis gewesen ist, läßt sich vielleicht an der Tatsache ablesen, daß Piaggios Flugzeuge in den Jahren ´37 bis ´39 insgesamt 21 Weltrekorde aufstellten.

Als Rinaldo Piaggio 1938 im Alter von 74 Jahren starb, übernahm sein Sohn die Geschäfte und stand nun, nach dem verlorenen Krieg und zu Beginn des Jahres 1946, vor der fast unlösbaren Aufgabe, die Produktion wieder aufzunehmen, Arbeitsplätze zu schaffen und damit den Wiederaufbau seiner zerstörten Heimat voranzutreiben. Bereits im Jahr 1945 hatte Enrico zusammen mit seinem Bruder Armando über ein Produkt nachgedacht, das mit den noch vorhandenen Mitteln gebaut werden und das vor allem jetzt in der Nachkriegszeit zu einem Erfolg werden könnte. Dabei erinnerten sie sich an Minimotorräder, die sowohl von den alliierten Luftlandetruppen, als auch von den italienische Fallschirmspringern eingesetzt wurden. Dies war für Piaggio die Umsetzung maximaler Mobilität mit minimalen Mitteln, und das war die Idee für das Nachkriegs-Italien. Zu Anfang des Jahres hatte er den Ingenieur Renzo Spolti mit der Konstruktion und dem Bau eines Motorrollers beauftragt, der jedoch nur in sehr kleiner Stückzahl zu Erprobungszwecken gebaut wurde. Der MP5 oder auch Paperino genannte Roller hatte eine tunnelförmige Karosserie und daher keinen Durchstieg. Der Motor, ein Fremdfabrikat, saß wie bei einem Motorrad zwischen den Rädern und war völlig gekapselt. Enrico Piaggio verfolgte diese Konstruktion nicht weiter, sondern, beauftragte im Frühjahr 1946 den berühmten Flugzeugkonstrukteur Corradino d´Ascanio mit einer völligen Neukonzeption.
Dieser Schritt erwies sich als entscheidende Weichenstellung zu einem Welterfolg, der seinesgleichen sucht.
In nur 7 Wochen entwickelte d´Ascanio die Ur-Vespa, damals noch unter dem Arbeitstitel MP6. Er schaffte es,

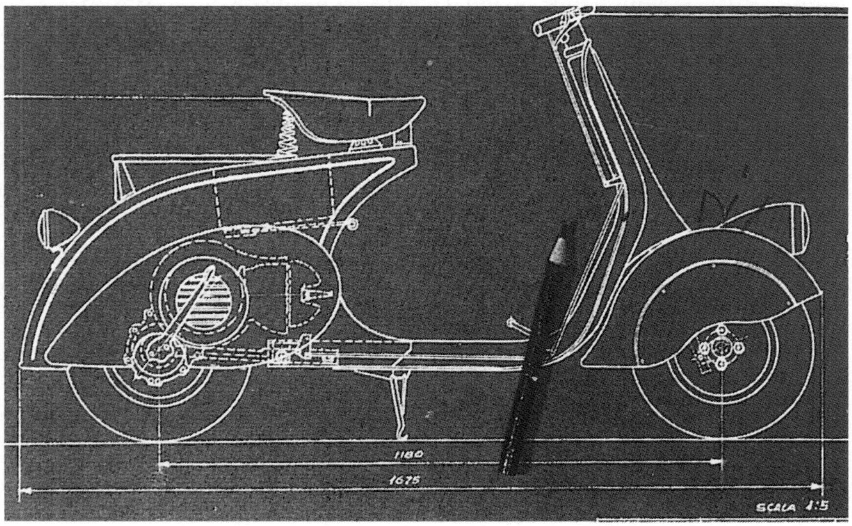

Bereits im Jahre 1947 wurden 10.535 „Vespen" gebaut, 1951 entstanden alleine in Pontedera über 20.000 Einheiten.

seine Visionen und die Vorgaben eines recht anspruchsvollen Lastenheftes mit den widrigen Umständen einer Industrie zu verbinden, die völlig am Boden lag.
Gefordert waren ein anspruchsloser und völlig gekapselter Motor, um Verschmutzungen des Fahrers zu vermeiden, sowie Beinschilde, um ihn vor Straßenschmutz zu schützen. Außerdem sollte das Fahrzeug leicht sein sowie kleine (und austauschbare) Räder inklusive eines Reserverades haben. Besonders wichtig war für Piaggio eine bequeme Sitzposition, der freie Durchstieg und die Möglichkeit, das Fahrzeug ohne Kraftaufwand abstellen zu können. Ob er bereits damals an der Erfolg der Vespa bei Frauen dachte? All diese Vorgaben erfüllte d'Ascanio in Rekordzeit, ohne dabei die Machbarkeit aus den Augen zu verlieren. Als erfahrener Flugzeugkonstrukteur wußte er, wie einfach Blechpreßteile auf den noch vorhandenen Pressen herzustellen waren. Die Entscheidung zur selbsttragenden Schalenbauweise war damit gefallen. Auch die Reifenfrage war schnell entschieden. Gummi war knapp, aber die Vorräte an Flugzeug-Spornreifen in der Größe 3,5 x 8 Zoll fanden schnell Verwendung. Die einseitige Radaufhängung erinnerte ebenfalls an Flugzeugfahrwerke, was der Vespa vom ersten Tag an ihre besondere Handlichkeit gab. Aus der Not eine Tugend zu machen, war das Gesetz der Stunde, und da d'Ascanio die Erfahrung mit kleinen Motoren völlig fehlte, griff er auf das zurück, was er kannte. Ein kleiner Einzylinder Zweitaktmotor, der in einem Jagdflugzeug als Anlassermotor diente, wurde kurzerhand übernommen und mit einem Gebläserad zur Luftkühlung versehen. Das war kein Geniestreich, aber wirkungsvoll. Seine Genialität stellte er dann aber wieder bei der Konstruktion des Endantriebes unter Beweis. Der Gedanke, die Kraft des Motors direkt auf das Hinterrad zu übertragen war in zweierlei Hinsicht überragend. Erstens werden Teile wie Ketten, Kettenräder oder Riemenantriebe gespart und zweitens können Übertragungselemente, die nicht vorhanden sind auch keine Leistung „fressen". Auch wenn durch das einseitige Anbringen des Motors direkt neben dem Hinterrad das Gleichgewicht der Vespa nie ganz gelungen war, diese Konfiguration der sogenannten Treibsatzschwinge ist heute noch das Rollermerkmal schlechthin.

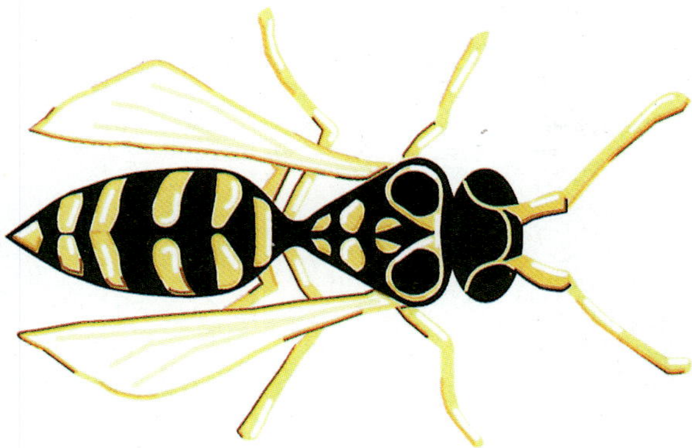

Noch bevor der erste Prototyp das Rollen lernte, machte man sich bei Piaggio Gedanken um einen griffigen Namen für das neue Produkt. Wer schließlich den Geistesblitz hatte, dem Roller den Namen Vespa (Wespe) zu geben, ist nicht überliefert. Welche Assoziation zu dieser Namensgebung führte, wird jedoch schnell klar, wenn man den Motor der V 98 einmal gehört hat. Es soll aber auch die schlanke „Wespentaille“ gewesen sein, die zur Verbindung mit dem Insekt führte. Außer Frage steht heute, daß dieser passende und einprägsame Name entscheidend zum Erfolg der Vespa beitrug. Vespa klingt in vielen Sprachen sympathisch und hat durch seine Endung auf „a“ das Geschlecht des eigentlich männlichen Rollers ganz eindeutig festgelegt. DIE Vespa war geboren.

Blick in die Vespa-Fabrikationshalle in Pontedera Ende der vierziger Jahre. Fließbandproduktion hatte schon Einzug gehalten.

Die erste Vespa

Modell V 98

Dieser V 98 Roller aus der Sammlung Robin Davy trägt die Nummer 1707 und stammt damit eindeutig aus dem ersten Produktionsjahr. Nach dem derzeitigen Stand der „Vespa-Forschung“ handelt es sich um das drittälteste erhaltene Exemplar auf der Welt. Der Roller ist noch in unrestauriertem Zustand und lief nach Angaben seines Besitzers noch, als er ihn zufällig in den Stallungen einer italienischen Burg entdeckte. Die mattgrüne Farbe ist noch im Originalzustand erhalten und man sagt, dies sei Rostschutzfarbe, da 1946 keine besseren Lacke zur Verfügung standen.

Mit einem Minimum an konstruktivem Aufwand ein Maximum an Praxisnutzen zu erreichen, war das erklärte Ziel von Corradino d'Ascanio. An kaum einem Detail läßt sich dieser Anspruch besser ablesen als an der „Wegfahrsperre". Um die Lenkung verriegeln zu können, wurden am Lenker und dem Lenkerrohr zwei Ösen angeschweißt, durch die mit einem Vorhängeschloß der Lenker blockiert werden konnte. Diese und andere Kleinigkeiten verraten den Einfallsreichtum und das wahre Genie eines Mannes, der eigentlich Hubschrauber und Flugzeuge konstruieren wollte.

Eine Maßgabe Piaggios war das leichte Abstellen des Fahrzeuges bei Fahrtunterbrechungen. Obwohl es so aussieht, als fehle der Ständer und der Roller sei seitlich auf dem Trittbrett abgelegt, entdeckt man bei genauerem Hinsehen, daß dies so beabsichtigt war. Die kleinen Aluminium-Sporne, die vorne an den Trittbrettern rechts und links angebracht wurden, übernahmen die Funktion eines „Seitenständers". Die V 98 wurde einfach langsam so weit geneigt, bis sie auf diesen Spornen „abgelegt" werden konnte. Einfacher war das Problem eines bequemen „Ständers" nicht zu lösen.

Die Einfüllöffnung für das Benzin/Öl-Gemisch findet man unter dem Einzelsitz.

Eine weitere V 98 befindet sich im Rollermuseum in Rüdesheim. Auch dieses Exemplar ist nahezu im Originalzustand erhalten.

Anläßlich eines großen Vespatreffens 1996 in München ist es erstmals gelungen, acht Modelle der ersten Vespa-Serie zusamen zu bekommen. Nach Schätzungen von Fachleuten gibt es weltweit noch ca. 35 Exemplare dieser ersten V 98.

Im Gegensatz zu den späteren Modellen hatte die V 98 die Radaufhängung auf der linken Seite des Vorderrades. Bis zu Beginn der 90er Jahre war dann die Radaufhängung ausschließlich rechts zu finden.

A-Modell 1950

Das A-Modell folgte der V 98 im Jahre 1948. Diese Vespa hatte bereits 125 ccm und verfügte über eine modifizierte Aufhängung des Hinterrades. Die Vorderradaufhängung besteht nun aus einer gezogenen Einarmschwinge, ist erstmals auf der rechten Seite angebracht und verfügt statt einer Bandfeder über eine Schraubenfeder.

Ein Tachometer war bei der damals noch recht spartanischen Ausstattung ein ganz besonderer Luxus.

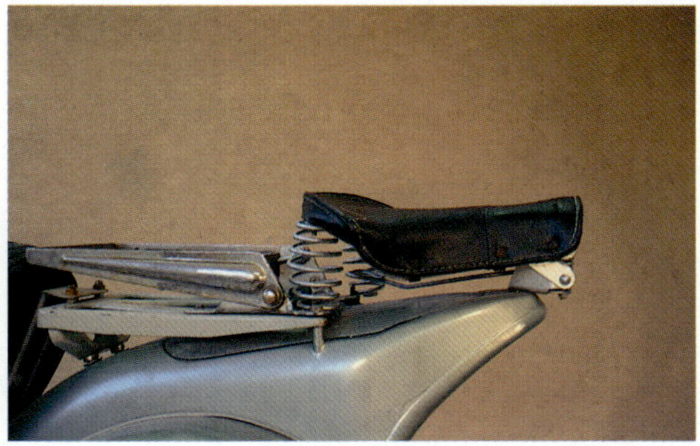

Der Gepäckträger gehörte beim A-Modell bereits zur Serienausstattung.

Kapitel 2

Hoffmann- und Messerschmitt- Vespa

Die wilden 50er

Der Siegeszug der Vespa begann bereits kurz nach der Vorstellung des ersten Modells und schon Ende der 40er Jahre saß buchstäblich ganz Italien auf einer Vespa. Aber nicht nur in seinem Heimatland überzeugte Piaggios Motorroller, mit dem Beginn der Massenmotorisierung nach dem Krieg wuchs in ganz Europa ein Markt heran, der alleine mit der italienischen Produktion nicht mehr zu bedienen war. Bereits 1949 bekamen die Hoffmann-Werke in Lintorf bei Düsseldorf die Lizenz zum Bau von Vespa-Rollern. Die finanzielle Situation fast aller Arbeiter und Angestellten ließ die Anschaffung eines Automobils (noch) nicht zu. Zwar begann mit dem Wirtschaftswunder die Zeit der kleinen und Kleinstwagen, aber so weit war es ausgangs der 40er Jahre noch nicht. Die Produktion der Hoffmann-Werke wuchs kontinuierlich, bereits 1953 wurden fast 2000 Einheiten monatlich ausgeliefert. Doch auch bei Hoffmann erkannte man die Zeichen der Zeit. Wachsender Wohlstand würde früher oder später zu einem Autoboom führen, weshalb man sich sehr intensiv mit der Entwicklung eines Kleinwagens beschäftigte. Eigenmächtige Veränderungen an den Vespa-Modellen, insbesondere an der legendären „Königin“, führten zu Differenzen mit Piaggio und zum Verlust der Vespa-Lizenz.
Bereits ab 1955 hatte das Stammwerk einen neuen Lizenznehmer in Deutschland gefunden, der sogar eine große Gemeinsamkeit vorweisen konnte. Die Messerschmitt-Werke in Augsburg hatten wie auch Piaggio eine ruhmreiche Vergangenheit im Bau von Flugzeugen und richteten innerhalb kurzer Zeit ihre Produktion von Vespa-Rollern im Werk Augsburg ein.
Alleine in den Jahren ´55 bis ´57 wurden dort über 17.000 Roller gefertigt. Diese Zusammenarbeit hielt bis zum Beginn der 60er Jahre, als der Motorroller-Boom langsam abzuflauen begann und der deutsche Markt wieder mit „Vespen“ aus Italien bedient werden konnte.

Modernes Sprichwort. Besser heute eine »Vespa« als morgen ein Auto.

Dieser Cartoon macht die Situation der Menschen zu Beginn der 50er Jahre sehr anschaulich. Mobil sein und das so bequem wie möglich, ohne gleich ein Vermögen ausgeben zu müssen.

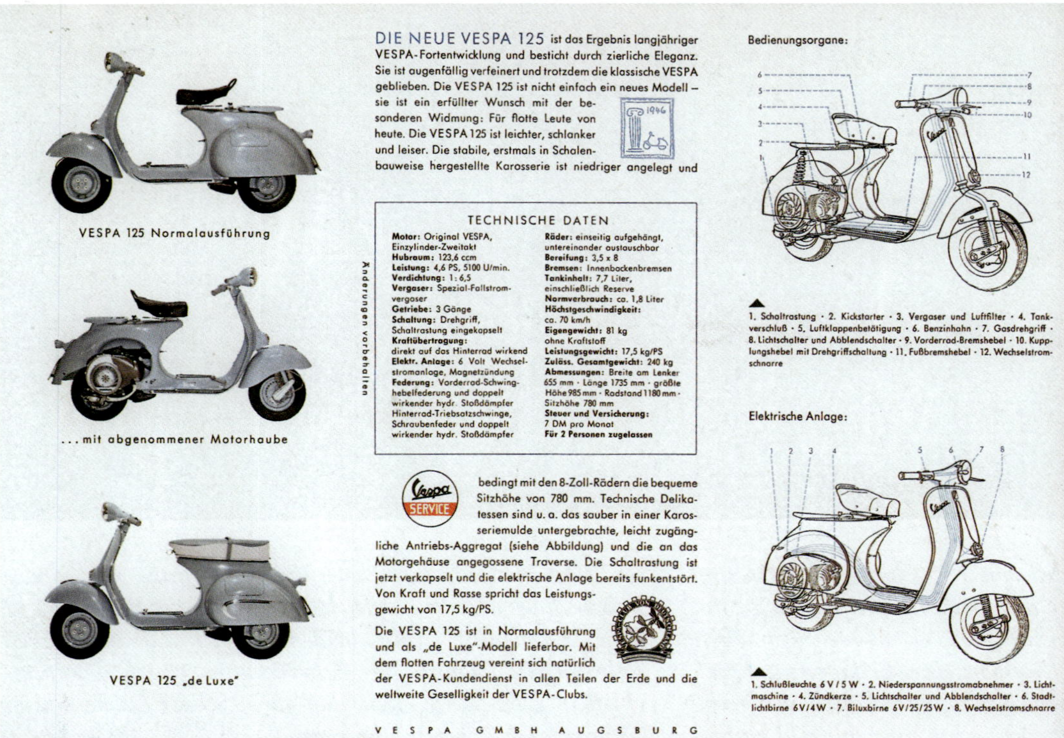

VESPA 125 Normalausführung

... mit abgenommener Motorhaube

VESPA 125 „de Luxe"

DIE NEUE VESPA 125 ist das Ergebnis langjähriger VESPA-Fortentwicklung und besticht durch zierliche Eleganz. Sie ist augenfällig verfeinert und trotzdem die klassische VESPA geblieben. Die VESPA 125 ist nicht einfach ein neues Modell – sie ist ein erfüllter Wunsch mit der besonderen Widmung: Für flotte Leute von heute. Die VESPA 125 ist leichter, schlanker und leiser. Die stabile, erstmals in Schalenbauweise hergestellte Karosserie ist niedriger angelegt und

TECHNISCHE DATEN

Motor: Original VESPA, Einzylinder-Zweitakt
Hubraum: 123,6 ccm
Leistung: 4,6 PS, 5100 U/min.
Verdichtung: 1:6,5
Vergaser: Spezial-Fallstromvergaser
Getriebe: 3 Gänge
Schaltung: Drehgriff, Schaltrastung eingekapselt
Kraftübertragung: direkt auf das Hinterrad wirkend
Elektr. Anlage: 6 Volt Wechselstromanlage, Magnetzündung
Federung: Vorderrad-Schwinghebelfederung und doppelt wirkender hydr. Stoßdämpfer Hinterrad-Triebsatzschwinge, Schraubenfeder und doppelt wirkender hydr. Stoßdämpfer
Räder: einseitig aufgehängt, untereinander austauschbar
Bereifung: 3,5 x 8
Bremsen: Innenbackenbremsen
Tankinhalt: 7,7 Liter, einschließlich Reserve
Normverbrauch: ca. 1,8 Liter
Höchstgeschwindigkeit: ca. 70 km/h
Eigengewicht: 81 kg ohne Kraftstoff
Leistungsgewicht: 17,5 kg/PS
Zuläss. Gesamtgewicht: 240 kg
Abmessungen: Breite am Lenker 655 mm · Länge 1735 mm · größte Höhe 985 mm · Radstand 1180 mm · Sitzhöhe 780 mm
Steuer und Versicherung: 7 DM pro Monat
Für 2 Personen zugelassen

Änderungen vorbehalten

bedingt mit den 8-Zoll-Rädern die bequeme Sitzhöhe von 780 mm. Technische Delikatessen sind u. a. das sauber in einer Karosseriemulde untergebrachte, leicht zugängliche Antriebs-Aggregat (siehe Abbildung) und die an das Motorgehäuse angegossene Traverse. Die Schaltrastung ist jetzt verkapselt und die elektrische Anlage bereits funkentstört. Von Kraft und Rasse spricht das Leistungsgewicht von 17,5 kg/PS.

Die VESPA 125 ist in Normalausführung und als „de Luxe"-Modell lieferbar. Mit dem flotten Fahrzeug vereint sich natürlich der VESPA-Kundendienst in allen Teilen der Erde und die weltweite Geselligkeit der VESPA-Clubs.

Bedienungsorgane:

1. Schaltrastung · 2. Kickstarter · 3. Vergaser und Luftfilter · 4. Tankverschluß · 5. Luftklappenbetätigung · 6. Benzinhahn · 7. Gasdrehgriff · 8. Lichtschalter und Abblendschalter · 9. Vorderrad-Bremshebel · 10. Kupplungshebel mit Drehgriffschaltung · 11. Fußbremshebel · 12. Wechselstromschnarre

Elektrische Anlage:

1. Schlußleuchte 6 V / 5 W · 2. Niederspannungsstromabnehmer · 3. Lichtmaschine · 4. Zündkerze · 5. Lichtschalter und Abblendschalter · 6. Stadtlichtbirne 6V/4W · 7. Biluxbirne 6V/25/25W · 8. Wechselstromschnarre

VESPA GMBH AUGSBURG

In den Jahren 1950 bis 1954 bauten die Hoffmann-Werke in Lintorf bei Düsseldorf über 40.000 Vespa in Lizenz. Damit erreichte sie bis zu 59% Marktanteil in Deutschland.

Dieses Hoffmann A-Modell von 1950 hatte 125 ccm und leistete 4,5 PS. Ob es für den Beifahrer bequem war, auf dem sogenannten „Damensitz“ Platz zu nehmen ist fraglich, fest steht jedoch, daß der Transport eines Beifahrers auf diese Art vom Fahrer viel Geschick verlangte. Durch den rechts eingebauten Motor war die Vespa nie ganz aufrecht zu fahren. Durch Gewichtsverlagerung nach links mußte der Fahrer dieses Manko ausgleichen. Saß jetzt der Beifahrer auf dem „Damensitz“ (mit beiden Beinen auf der linken Fahrzeugseite) wurde das Fahrverhalten gänzlich unberechenbar. Dies führte dazu, daß ab 1956 der Damensitz in Deutschland verboten wurde.

Bereits sehr früh versuchte man, den recht guten Wetterschutz des Motorrollers weiter zu verbessern. Dieses Hoffmann A-Modell von 1952 ist mit einer italienischen Wetterverkleidung ausgerüstet. Ein interessantes Detail ist der von Hand über einen Seilzug betätigte Scheibenwischer.

Das 1952er Modell der Hoffmann Vespa hatte 125 ccm, leistete 4,5 PS und die Spitzengeschwindigkeit lag bei 70 km/h. Um die Sitzposition zu verbessern, wurden bei diesem Modell die Trittbretter nach hinten um 10 cm verlängert.

Obwohl Piaggio in den italienischen Modellen bereits seit 1951 offenliegende Bowdenzüge zur Betätigung der Schaltung einsetzte, wurde die hakelige Gestängeschaltung bei Hoffmann noch bis 1952 eingebaut.

Noch bis 1952 wurden bei den deutschen Lizenzbauten die Scheinwerfer auf dem vorderen Schutzblech montiert. Ein besonders interessantes Detail ist der verchromte Reibungsdämpfer an der Vorderradaufhängung.

Die Preise der Hoffmann Vespa muten heute recht bescheiden an, kostete doch das A-Modell 1953 nur DM 1395.-. Bedenkt man jedoch, daß der durchschnittliche Monatslohn eines Arbeiters in der jungen Bundesrepublik bei ca. DM 250.- lag wird sehr schnell klar, warum für viele der Traum vom Motorroller lange ein Traum bleiben sollte. DM 1395.- waren also viel Geld, die Ausstattung konnte sich dafür aber auch sehen lassen. Die Preisliste beschreibt die serienmäßige Ausstattung „mit Armaturenbrett einschließlich großem Luxus-Tachometer, Soziussattel und Haltebügel für den Soziusfahrer sowie Soziusfußrasten". Für DM 1895.- gab es die Hoffmann Vespa mit Seitenwagen, wobei die Preisliste ausdrücklich darauf hinweist: „Seitenwagen einschließlich Bereifung, Polsterung mit Federkissen, Windschutzscheibe, Spritzdecke und Fußmatte". Für DM 475.- gab es dann noch einen Transportbeiwagen zum Befördern sperriger Güter.

Die Königin

Als „eine Spitzenleistung der Hoffmann-Werke" feierte der deutsche Lizenznehmer 1954 sein neuestes Modell selbst in einem Prospekt, der mit Superlativen nicht sparte. Da wird die „enorme Motorleistung" hervorgehoben, denn im Vergleich zum Vorjahresmodell ist die PS-Zahl von 4,5 auf sagenhafte 5 PS angehoben worden. „Sieggewohnt und preisgekrönt" tönt es vom Titelblatt der Broschüre, und dann wird mit einem Vergleich ein Name für diesen Roller kreiert, der als offizielle Typbezeichnung so nie existierte. Die Hoffmann-Werke bezeichnen das ´54er Modell als die „Königin unter den Motorrollern" und seither sprechen Vespa-Fahrer und vor allem die Sammler von „Der Königin" als der Krönung der Hoffmann-Lizenzbauten.

Dies trifft auch zu, da dieses Modell das Ende der Hoffman-Ära einläutete. In Deutschland hatte man den allgemeinen Trend zu einem stärkeren Motor erkannt, der Versuch der Fa. Hoffmann, einen 150-ccm-Motor ohne die Zustimmung von Piaggio einzubauen, endete jedoch im Streit mit dem Mutterkonzern.

Ab 1955 wurde die Lizenz an die Messerschmitt-Werke in Augsburg vergeben.

Ein besonderer Schnappschuß: Hoffmann-Vespa-Gespann samt stolzem Besitzer auf einem Clubtreffen.

Die Ausstattung der „Königin" war in der Tat vom Feinsten. Neben den beiden spiralgefederten Motorradsätteln war die Beibehaltung des ursprünglichen Scheinwerfers auf dem Vorderradschutzblech als Nebellampe ein markantes Merkmal. Weitere Details, die für damalige Verhältnisse als purer Luxus zu bezeichnen sind, waren ein im Scheinwerfer eingebautes Zündschloß, ein Reserverad, Standlicht, eine Rückleuchte mit gekoppeltem Bremslicht sowie Chromverzierungen. Besonders hervorgehoben wurde der geräuscharme Auspuff, der auch eine größere Bodenfreiheit ermöglichte.

Dieses frühe Modell dokumentiert, wie spartanisch die Vespa vor rund 50 Jahren ausgestattet war.

Messerschmitt-Vespa-Modell 1956, mit jeder Menge blitzendem Chromzubehör.

Messerschmitt-Vespa GS 3 von 1958 mit 150 ccm, 8 PS und 100 km/h Spitzengeschwindigkeit.

Das '59er Modell der Messerschmitt-Vespa GS 3, hier ein perfekt restauriertes Exemplar.

FR
US 99

Kapitel 3

Die schönsten Vespa-Modelle

Eine Erfolgsgeschichte

Modell „U“

Das ′53er Topmodell der Piaggio Vespa hatte im Gegensatz zum Vorgänger deutliche Verbesserungen aufzuweisen. Vor allem der Motor wurde stark überarbeitet, leistete 0,5 PS mehr und schaffte 3% mehr Steigung. Um jedoch auch 1953 ein preisgünstiges Modell anbieten zu können, wurde das Modell „U“ geschaffen. Das „U“ steht für das italienische Wort „utilitaria“ = Gebrauchsfahrzeug und signalisiert das Konzept der Maschine. Der Motor des Vorjahresmodells mit 125 ccm, aber nur 4,5 PS, wurde eingebaut und die Ausstattung deutlich abgespeckt. Auf einen Tacho mußte zum Beispiel verzichtet werden, dafür wurde erstmals auch bei einem italienischen Modell der Scheinwerfer an der Lenkstange befestigt. Die „U“ konnte durch die Sparmaßnahmen 20.000 Lire billiger angeboten werden als das modernere ′53er Modell.

Heute ein äußerst seltenes „Schätzchen“ - eine Vespa „U“ in toprestauriertem Zustand. Man erkennt auf den ersten Blick die rustikale Mageraussstattung.

Vespa GS 2

GS steht für „Grand Sport“ und die GS 2 aus dem Jahr 1956 konnte den Ansprüchen sportlicher Fahrer mit ihren 8 PS aus 150 ccm gerecht werden. Die trocken 104 kg schwere Maschine lief immerhin 100 km/h und avancierte zu einer der beliebtesten (und meist kopierten) Maschinen im Programm der Firma Piaggio.

rechte Seite:
Für Sammler sind die im Originalzustand erhaltenen Plaketten am Beinschild von besonderem Wert. Sie dokumentieren, welche Treffen der Vorbesitzer mit diesem Fahrzeug besuchte und lassen ganz individuelle Rückschlüsse auf die Geschichte dieser Maschine zu.

Vespa G.S.

Vespa 150

Diese Vespa 150 aus dem Jahre 1962 war bereits mit einem Vierganggetriebe ausgerüstet und leistete 5,5 PS bei 5000 Umdrehungen pro Minute. Die Höchstgeschwindigkeit wurde mit 85 km/h angegeben und das Leergewicht lag bei 85 kg ohne Betriebsstoffe. Mit diesem Modell hatten die kleinen 8 Zoll Räder ausgedient. Größere 9- und 10-Zoll-Räder sollten in Zukunft ein stabileres Fahrverhalten gewährleisten. Dieses perfekt restaurierte Exemplar stammt aus der Sammlung Norbert Thomas und wurde 1996 in mühsamer Kleinarbeit aus einem Schrotthaufen wieder aufgebaut. Das Fahrzeug lief bis Anfang der 90er Jahre in Italien und wurde dann mit defekter Kurbelwelle und völlig verbeult für DM 900.- nach Deutschland verkauft. Neben 400 Arbeitsstunden wurden noch ca. DM 2000.- in Ersatzteile, Lack und Chrom investiert bis die Maschine in einem Zustand glänzte, der an ein Neufahrzeug erinnert.

Vespa 150

Vespa GS 4

Die Vespa GS 4 aus dem Jahre 1963 wurde auch noch bei den Messerschmitt-Werken gebaut. Sie war das letzte Modell der Augsburger Produktion.

Charakteristisch ist der geschwungene Chromzierstreifen auf beiden Seiten des vorderen Kotflügels.

Diese GS 4 befindet sich noch im Originalzustand und hat nach Einschätzung des Besitzers tatsächlich erst 6610 Kilometer gelaufen. Ein solcher Fund stellt für jeden Sammler ein echtes Juwel dar.

Ein besonderes Highlight ist dieses fast völlig erhaltene Einfahrschild. Es macht deutlich, wie sorgfältig eine Vespa eingefahren werden mußte.

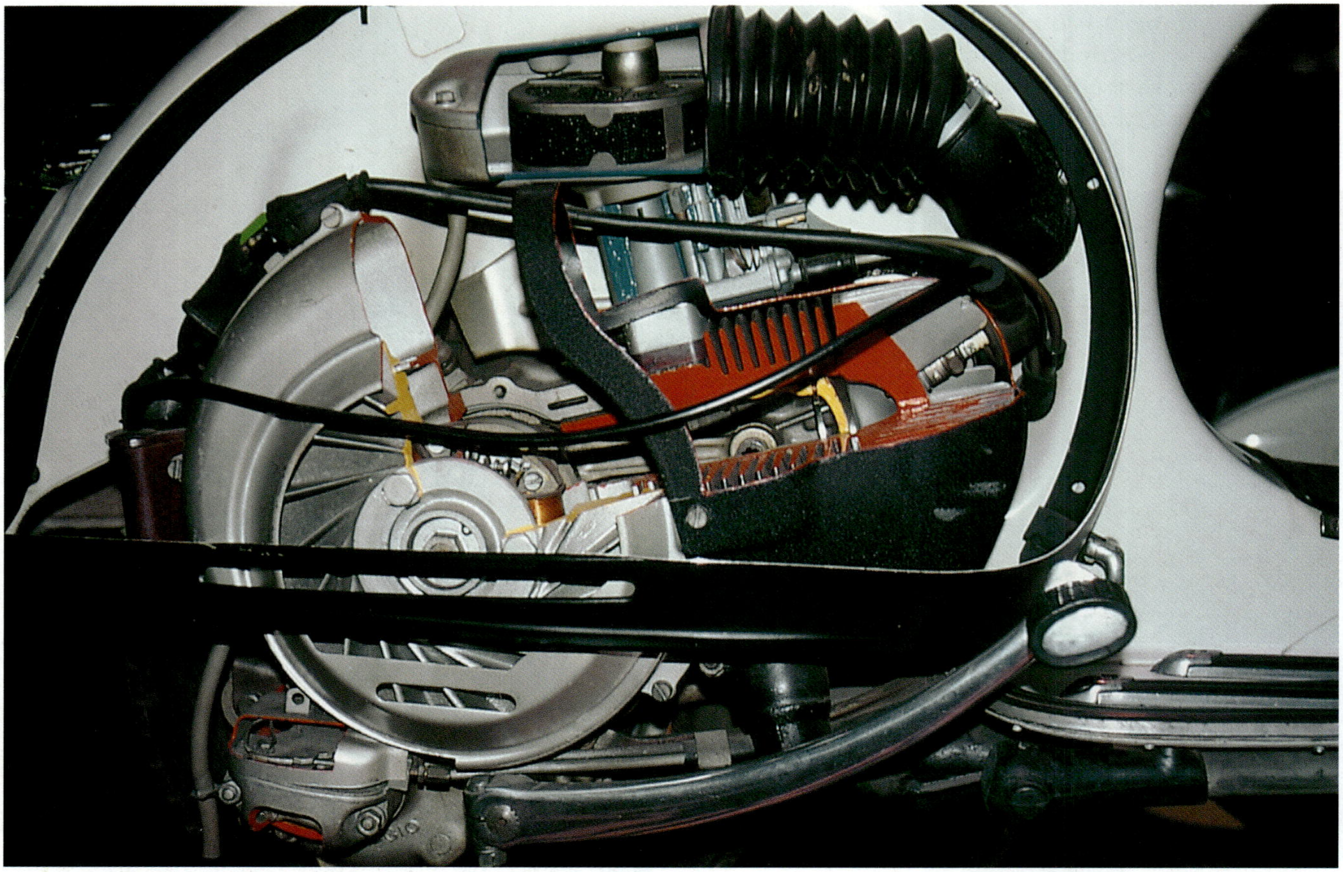

Dieses äußerst seltene Schnittmodell zeigt das Innenleben einer 1963er GS 4. Es fällt auf, wie kompakt der Antrieb konstruiert wurde, um unter der rechten „Backe“ Platz zu finden. Sieht man, wie wenig sich unter der linken Seitenverkleidung verbirgt, wird sehr schnell klar, daß die Gewichtsverteilung der Vespa nicht ganz ausgewogen sein kann.

Eine Messerschmitt-Vespa Modell T3 aus dem Jahre 1958 mit 150 ccm, 5 PS und 75 km/h Spitzengeschwindigkeit. Jede Menge Pokale und der warme Platz im Rüdesheimer Motorrollermuseum in der Villa Sturm bereiten dem seltenen Stück ein angemessenes Ambiente für den Lebensabend.

Vespa 50

Als erste 50er schickte Piaggio 1964 das Modell mit der schlichten Bezeichnung Vespa 50 in das Rennen, um die Gunst vor allem der jugendlichen Käufer zu gewinnen. Mit nur 1,5 PS bei 4500 Umdrehungen kam dieses 66 kg schwere Vespa Baby gerade mal auf 40 km/h, und doch markierte dieses Modell den Beginn einer neuen Erfolgswelle für Piaggio.
Der Motor wurde noch von Corradino d'Ascanio völlig neu gezeichnet und hat einen im Winkel von 45 Grad angeordneten Zylinder.

Werbeplakat für die 50-ccm-Vespa, die neue Käuferschichten erschließen sollte.

Klare Linienführung, keine unnötigen Schnörkel: eine frühe Vespa 50 mit einigen Gebrauchsspuren.

Vespa SS 50

Die SS 50 von 1966 war das letzte Vespa-Modell, das vom legendären Konstrukteur Corradino d´Ascanio entworfen wurde. Für diese Maschine brauchte man nicht einmal einen Führerschein, was natürlich großen Erfolg bei den Jugendlichen zur Folge hatte.

Mit 3,7 PS schaffte die SS 50 satte 68 km/h, ihre größere Schwester SS 90 kam mit 6 PS sogar auf 87 Km/h.

Der vermeintliche Tank ist in Wirklichkeit ein Werkzeugfach und das darauf angebrachte Kissen sollte dem „Rennfahrer“ die Möglichkeit geben, sich aerodynamisch hinter dem Lenker flachzulegen.

Vespa Primavera

Von 1967 bis ´82 gab es in verschiedenen Variationen das Modell Primavera (Frühling). Neben ihrer Nachfolgerin, der PX, ist die Primavera damit das langlebigste Modell der Vespa-Palette. Ein Hauptmerkmal der Primavera ist der um 15 cm verlängerte Radstand, der die Straßenlage deutlich verbesserte.

Dieses ´67er Modell der Primavera leistete 5,5 PS aus 125 ccm und beschleunigte das leer 74 kg schwere Fahrzeug auf immerhin 85 km/h.

Cosa

In den 80er Jahren befand sich der Motorroller auf dem Tiefpunkt seiner Entwicklung. Piaggio war mit seinen Produkten nahezu alleine auf dem Markt und die breite Öffentlichkeit war davon überzeugt, daß der Roller keine Zukunft mehr haben würde.
An den Modellen hatte sich in den vergangenen Jahren nichts Grundlegendes geändert und niemand rechnete mit dem völlig neuen Modell, das Piaggio sogar als „revolutionär“ bezeichnete. 1987 begannen erste Gerüchte zu kursieren über das Wunderfahrzeug, das dann Ende des Jahres auf dem mailänder Motorradsalon präsentiert wurde.
Die Enttäuschung bei den Vespisti war groß, als die Konzeption des neuen Modells bekannt wurden. Noch immer eine Stahlblechkarosserie und ein Zweitakter mit einer Einarmschwinge, sogar die Drehgriffschaltung, die kleinen Räder und das Reserverad waren beibehalten worden. All das sah nicht nach einer Revolution aus, und doch war dieses Ding der Beginn einer neuen Ära.

So sollte sie auch heißen, Cosa - das Ding - nannte man dieses Modell, das nach dem Selbstverständnis Piaggios keine Vespa mehr war, sondern ausschließlich den Namen Piaggio trug.
Aber nicht nur der Name verriet neue Wege. Bei genauerer Betrachtung war die Cosa tatsächlich ein völlig neues Fahrzeug, daß viele der Mängel seiner Vorgängerinnen nicht mehr aufzuweisen hatte. Außer einer stark überarbeiteten Radaufhängung wurde auch eine neue Bereifung von Pirelli entwickelt und in der Cosa erstmals eingesetzt. Das Fahrverhalten war damit deutlich besser als bei allen Vorgängermodellen. Bei der Bremsanlage wurden ganz neue Wege eingeschlagen. Piaggio entwickelte ein Integralbremssystem, bei dem mit dem altbekannten Fußbremspedal der Bremsdruck auf die Vorderradbremse geleitet wird, und erst ab einem bestimmten Bremsdruck auch die Hinterradbremse aktiviert wird. Mit dem Handbremshebel kann die Voderradbremse unterstützt werden. Mit diesem System wurde nicht nur der Bremskomfort gesteigert, auch das Blockieren der Hinterradbremse konnte so nahezu verhindert werden. Ein anderes Merkmal dieses modernen Fahrzeuges war das erstmals angebotene Helmfach unter der Sitzbank.
Piaggio brachte die Cosa in drei Hubraumklassen, als 125er, als 150er und als 200er auf den Markt. Jedes Modell wurde zusätzlich auch als „Lusso“-Version mit Elektrostarter angeboten. Die 125er Basisversion hatte noch Gemischschmierung, die anderen Motoren wurden mit Getrenntschmierung ausgerüstet.
Das kleinere Modell leistete 9 PS und erreichte 90 km/h, die große Cosa mit 12,2 PS lief sogar 100 km/h Spitze.

Dreiräder, die keine sind

Eine Vespa mit Seitenwagen als Dreirad zu bezeichnen, ist in der Regel falsch, da fast alle Vespen über ein Reserverad verfügen und damit eigentlich in die Kategorie „Vierrad“ einzuordnen sind.
Falsch wäre auch anzunehmen, daß das Fahrverhalten eines solchen Gespannes irgendwo zwischen dem eines Rollers und dem eines Autos anzusiedeln wäre.
Eine Vespa mit „Bollerwagen“ zu fahren, ist ein außergewöhnliches Vergnügen, denn die fehlende Motorleistung kann durch die enormen Möglichkeiten beim Kurvenfahren (fast) wettgemacht werden.
Vespa-Gespanne gab es bereits kurz nach der Markteinführung des Solo-Rollers, denn das Bedürfnis, mehrere Personen oder sperrige Güter transportieren zu können, war in Anbetracht der fehlenden Automobile sehr groß.
Im Laufe der Jahre entwickelten sich die „Gebrauchsgespanne“ zu reinen Freizeitgefährten, so daß die geringen Fahrleistungen mehr und mehr in den Hintergrund traten.

Französisches A.C.M.A-Gespann

Unter dem berüchtigten (und später in Deutschland verbotenen) „Damensitz“ (links oben) befindet sich ein kleiner Zusatztank mit einer „Meßlatte“ zur Bestimmung der Kraftstoffmenge.

Diese Hoffmann-Vespa aus dem Jahre 1951 ist mit einem besonderen Seitenwagen, dem sogenannten „Georgy-Seitensitz", ausgestattet.

Vespa

Der Piaggio Hexagon empfiehlt sich dank seiner leistungsstarken Motoren für den Betrieb mit Seitenwagen. Die Zweitakter LX 125 und LXT 180 mit vierzehn bzw. sechzehn PS und die Viertakter LX 4 und GT 250 mit zehn bzw. sechzehn PS sind starke Reisebegleiter.

Akrobatische Demonstrationen waren vor allem in den Anfangsjahren der Vespa sehr beliebt. Nicht nur der Radwechsel während der Fahrt, auch Menschenpyramiden auf dem Roller und Sprünge durch brennende Reifen wurden bei Vespa-Treffen gezeigt.

VESPA

Zu den Höhepunkten im Clubleben gehört eine Vespa-Hochzeit. Eskortiert von festlich geschmückten Rollern ist schon manches Brautpaar zur Trauung begleitet wurden. Speziell für solche Anlässe haben Rollerfans sogar ein Hochzeitsgespann entworfen und gebaut. Zwar läßt sich über Geschmack streiten, nicht aber über die Liebe zur Vespa.....

Die Vespa-APE

Nicht nur Vespa-Gespanne waren und sind auf drei Rädern unterwegs. Seit 1949 bereits wird der Kleinlieferwagen APE (Biene) gebaut, der in seiner Urform auf der Technik des Rollers aufbaute und dessen Vorderteil bei den ersten Modellen noch völlig dem Motorroller entsprach. Diese „Arbeitsbienen“, die später mit einer zweisitzigen Kabine versehen wurden gehören noch heute in den südlichen Ländern zum Straßenbild.

Dieser APE Kipper vom Typ MPV 600 wurde 1973 gebaut. Er hat einen 200-ccm-Motor, der 10 PS leistet. Die Spitzengeschwindigkeit liegt bei 65 km/h.

Der Kipper der APE wird hydraulisch über eine Pumpe betätigt, die vom Lüfterrad des Zweitaktmotors angetrieben wird.

Die APE Nutzfahrzeuge gab es sogar ab 1962 als fünfrädrige „Sattelzüge“ mit dem Namen Pentarò.

Kapitel 4

Lizenzbauten

Vespa heißbegehrt

Nicht nur in Deutschland wurde die große Nachfrage nach Vespa-Rollern durch Lizenzbauten gedeckt. Bereits 1951 nahm die Firma A.C.M.A. (Atéliers de Construction de Motocycles et Accessoires) in Paris die Produktion für den französichen Markt auf. Es folgten die Douglas Vespa in England, die Moto Vespa Madrid in Spanien, sowie indische, belgische und brasilianische Lizenznehmer. 1965 erhalten sogar Firmen aus Singapur und Taiwan die Lizenz zum Bau von Vespa Rollern.

Ebenfalls von A.C.M.A. in Paris wurde diese Militärversion der Vespa gebaut. Durch ein Loch im Beinschild wird eine Raketenabschußvorrichtung geführt, die Munition findet in den seitlich angebrachten Rohren Platz. Das Fahrzeug wurde in den 50er Jahren von der französischen Armee im Algerien-Krieg eingesetzt.

Die A.C.M.A. GL 150 aus dem Jahr 1956 leistete 6 PS und lief 85 km/h Spitze.

Vespa

Alleine der Lizenznehmer Douglas aus Kingswood (Großbritannien) baute in den Jahren '51 bis '63 126.000 Vespas.

Diese Douglas-Vespa aus dem Jahre 1951 hatte einen 125-ccm-Motor und leistete 4,5 PS.

Der Bajaj Chetak ist der indische Lizenzbau, der seit Beginn der Lizenzfertigung 1962 deutlich langsamer mit der technischen Entwicklung Schritt hielt als die anderen Produkte aus der Piaggio Fertigung. Vespas werden heute nicht nur Italien und Indien gefertigt. Piaggio hat Produktionsstätten in Spanien, der Türkei und der Slowakei, im Iran, Tunesien, Ägypten, der Republik Kongo, Pakistan, China, Taiwan, Indonesien, Bangladesh, Chile, Venezuela, Ecuador und Kanada.

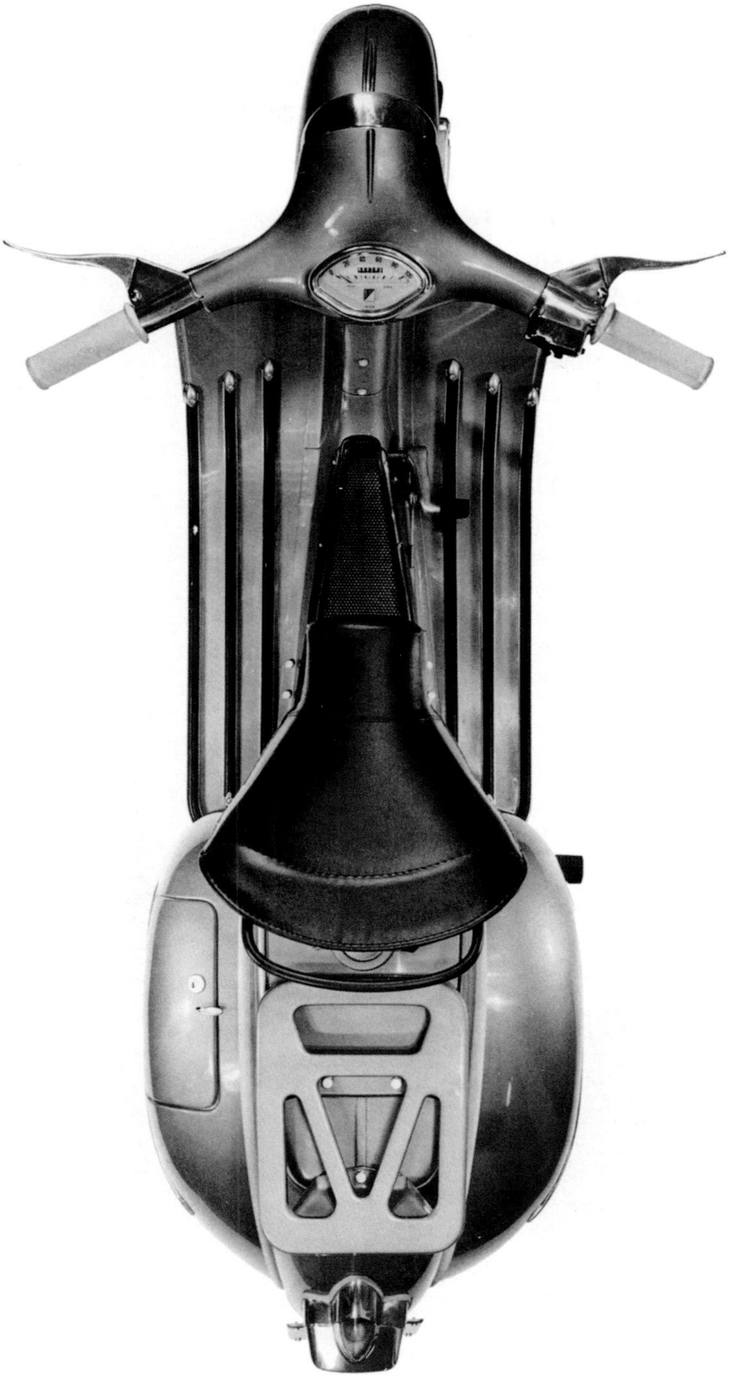

Kopiert und nachgebaut

Vespas, die keine sind

rechte Seite:
Überall auf der Welt wurden seit Beginn der 50er Jahre Motorroller nach dem Vorbild der Vespa gebaut, oft in Lizenz, in einigen Fällen jedoch völlig ungeniert als Kopie, was für Piaggio natürlich nicht nur ein Kompliment, sondern auch ein finanzieller Verlust gewesen sein mag. Die wohl hemmungsloseste Kopie des italienischen Vorbildes war 1957 in der UdSSR zu finden. Der als Wjatka (kleines Boot) bekannte Roller glich seinem Vorbild nicht nur äußerlich verblüffend, auch viele technische Komponenten waren abgekupfert. Die Planwirtschaft sah damals eine Produktion von 50.000 Exemplaren in 5 Jahren vor. Ob dieses Plansoll erreicht wurde, ist jedoch nicht bekannt.

Auch in Polen entstand ein Motorroller namens OSA, der jedoch in der äußeren Gestaltung etwas eigenwilliger war und nie den Weg auf westliche Märkte fand.

0
20
40
60
80
100
120
КМ/ЧАС
03208

Kapitel 5

Der Vespa-Kult entsteht

Die Zeit ist reif

Immer wieder haben es Produkte in der Geschichte der Industrialisierung geschafft, einen Markennamen als Gattungsbegriff zu etablieren. Wer ein Papiertaschentuch wünscht, fragt nach „Tempo", und die Kopfschmerztablette heißt seit Jahrzehnten einfach „ASPIRIN". Dieses Phänomen ist nicht selten, im Bereich der motorisierten Fahrzeuge gibt es aber nur die Vespa, die es zu diesem Ruhm gebracht hat. Zwar kennt jeder den Käfer, aber niemand käme auf die Idee, jedes Auto als einen Käfer zu bezeichnen. Bei der Vespa ist dies anders. Generationen von Verkehrsteilnehmern sprechen von einer „Vespa", auch wenn sich dahinter ein ganz anderer Motorroller verbirgt. Dies ist jedoch in erster Linie ein deutsches Phänomen, da im Deutschen ein treffendes und kurzes Wort für den Begriff Motorroller fehlt. In vielen anderen Ländern wird auch der Vespa-Roller unter dem Begriff des Scooters subsumiert. Die Vespa und ganz besonders die Werbung für die Vespa spiegelt in außergewöhnlichem Maße den Zeitgeist der Nachkriegsjahre wieder. Oder rechtfertigt der Erfolg dieses kleinen Rollers vielmehr die Vermutung, daß hier findige Werber und Marktstrategen die gesellschaftlichen Entwicklungen - besonders der Jugend - vorweggenommen oder sogar maßgeblich beeinflußt haben? Mobilität war zweifelsfrei das Thema der frühen 50er Jahre. Hört man heute die Schilderungen alter Vespa Fahrer, die als Jugendliche fast ganz Europa mit Zelt, Schlafsack und Benzinkocher durchreist haben, wird sehr schnell klar, daß die Vespa genau das passende Fernweh-Gefährt dazu war. Ob nun die Vespa das Bedürfnis nur befriedigte, oder ob sie die Ursache für die Wünsche speziell der jungen Menschen war, wird eine offene Frage bleiben. Fest steht jedoch, daß Piaggio als erste Firma konsequent die Frau in den Mittelpunkt der Werbung stellte. Anfangs als „Schmuck" rückten die Vespa-Fahrerinnen immer mehr in den Mittelpunkt und bewirkten eine nicht geahnte Identifikation von Frauen mit diesem Gefährt. Als man dies erkannte, wurden gezielt auffällig lackierte Vespen prominenten Persönlichkeiten zur Verfügung gestellt, um für das Produkt zu werben. Wenn man will, kann man das als die ersten Schritte des Product-Placements betrachten. Die Wirkung war jedenfalls überragend. Kaum eine der Größen des italienischen Nachkriegsfilmes ließ sich nicht auf einer Vespa ablichten, und sogar viele Hollywood-Stars fuhren Piaggios Roller. In den Verkaufszahlen bei Frauen schlug sich diese Entwicklung jedoch noch nicht merkbar nieder. Mit der Vespa wurde zwar die selbstbewußte, mobile junge Frau in Verbindung gebracht, aber die Wirklichkeit hinkte diesem Bild deutlich hinterher, wie eine Untersuchung im Jahre 1953 in Deutschland erbrachte. Die Fahrer von Vespa-Rollern waren zu 34,7% Angestellte, zu 24,9% Arbeiter, zu 8,3% Beamte, zu 8,1% im Handel tätig und 7,2% Angehörige freier Berufe. Frauen wurden in dieser Statistik unter dem Begriff „Sonstige" mit 9,2% zwar erfaßt, aber nicht genau quantifiziert. Attraktive Pin-up-Girls standen im Mittelpunkt der ersten Kalender, die Vespa herausbrachte. Von 1951 bis ´54 wurden sie von dem mailänder Grafiker F. Mosca gezeichnet und gelten heute als begehrte Sammlerstücke. Neben der Verbindung von attraktiven Mädchen mit dem Produkt wurde die Weltläufigkeit der Vespa ganz beiläufig unterstrichen. Auch wenn vermutlich vor der Skyline von New York nie ein Vespa Roller gesichtet wurde, die Assoziation mit der großen weiten Welt hatte System.

Maggio

D	L	M	M	G	V	S
					1	2
3	4	5	6	7	8	9
10	11	12	13	14	15	16
17	18	19	20	21	22	23
24/31	25	26	27	28	29	30

1953

Giugno

D	L	M	M	G	V	S
	1	2	3	4	5	6
7	8	9	10	11	12	13
14	15	16	17	18	19	20
21	22	23	24	25	26	27
28	29	30				

Italienischer Geschmack im Stil der frühen Nachkriegszeit - deutlich frechere Kalendermotive als dies nördlich der Alpen üblich war.

Später wurden die weiblichen Reize immer deutlicher eingesetzt wie diese Kalenderblätter aus den 60er Jahren zeigen.

Der Kultstatus der Vespa ist nicht zuletzt auch auf die über Jahrzehnte sehr beachtlichen Produktionszahlen zurückzuführen. Die Vespa gehörte einfach zum Straßenbild und machte sich dort oft mit ihrem schrillen Zweitaktsummen bemerkbar. Brauchte Piaggio weltweit für die ersten 500.000 Exemplare noch 7 Jahre, lief der 1.000.000ste Roller bereits 1956, also nur drei Jahre später vom Band. Die zweite Million wurde dann 1960 voll gemacht und entsprechend gefeiert. 1972 sind es dann 4.000.000 und mit über 6.000.000 Fahrzeugen liegt Piaggio 1977 an vierter Stelle der weltweiten Kraftradproduktion. Bis Mitte der 90er Jahre kann Piaggio auf die Produktion von 1,5 Millionen Dreiradfahrzeuge vom Typ APE und insgesamt 11 Millionen Motorroller zurückblicken.

Kapitel 6

Vespa-Treffen und Clubs

All together now

Ein weiterer, nicht unbedeutender Faktor, der zum Kultstatus der Vespa beitrug, war das aktive und in der Öffentlichkeit stets präsente Clubleben der Vespisti.
Dabei hat sich dieses Phänomen keineswegs nur auf die deutschen „Vereinsmeier" beschränkt. Besonders in England war die Zahl der Vespa-Clubs in den 50er und 60er Jahren sehr hoch. Zeitweise gab es auf der Insel über 70 Vespa-Vereinigungen. Man kann sagen, das Netz der Vespa-Fans umspannt fast den ganzen Globus. In fast allen europäischen Ländern gibt es Kontaktadressen, sogar einen Vespa Club San Marino oder den Finnish Scooterclub findet man. Darüber hinaus kann ein Weltreisender selbst in Tokyo den japanischen Vespa-Club besuchen oder in Canada, Paraguay oder Singapur Station machen.

In Deutschland entwickelte sich das Clubleben bereits seit Beginn der 50er Jahre. Als erstes „Großereignis" kann das Clubtreffen 1950 in Koblenz angesehen werden, zu dem 200 Fahrer anreisten. Schon 2 Jahre später gab es 76 Clubs mit über 6.000 Mitgliedern, und es gab eine Clubzeitschrift, die „Vespa Nachrichten" mit einer Auflage von 5000 Exemplaren. Zum Clubtreffen 1952 trafen sich bereits über 1000 Fahrer und Fahrerinnen in Düsseldorf.

Die Entwicklung schritt so rasant voran, daß 1953 der Vespa Club d´Europe gegründet wurde, der seit 1954 regelmäßige EuroVespa-Treffen veranstaltet.
1957 wurden alleine in der Bundesrepublik 25 Vespa-Treffen veranstaltet.
Zur Blütezeit des Roller-Booms gab es Ende der 50er Jahre über 250 Vespa-Clubs in Deutschland, in denen ca. 10.000 Mitglieder organisiert waren. Als der Roller in den folgenden Jahren immer mehr an Attraktivität verlor, sank auch die Zahl der Clubs bis auf einen Tiefststand von nur noch 38 im Jahre 1978. Seither hat sich jedoch wieder ein aktives Clubleben in entwickelt, so daß heute mit über 140 Clubs und rund 4500 Mitgliedern der Fortbestand des Phänomens „Vespa-Club" gesichert ist.

Laut Statistik sind heute 64% der Mitglieder aktive Vespa-Fahrer, davon 25% Frauen. Interessant ist auch, daß mit ca. 30 Jahren das Durchschnittsalter der Clubmitglieder recht niedrig ist und wohl hier und da unter dem Durchschnittsalter der Fahrzeuge liegt.

Das Clubleben besteht heute aus vielerlei Aktivitäten. Neben den nationalen und internationalen Treffen, die oft in größeren Gruppen besucht werden, stehen auch sportliche Aktivitäten auf dem Programm. Eine deutsche Trial-Meisterschaft und eine Meisterschaft im Geschicklichkeitsfahren werden jährlich veranstaltet. Im Mittelpunkt einiger Clubs stehen die Oldtimer und das Sammeln und Restaurieren der Schätze aus den Anfangsjahren der Vespa.

Heute gehen die Vespa-Piloten gut ausgestattet mit viel Gepäck auf große Fahrt zu Treffen in ganz Europa.

Die Treffen waren gesellschaftliche Ereignisse und dienten damals wie heute zum Kennenlernen und zum Austausch von Informationen. Natürlich bietet das Vespa-Treffen auch die Möglichkeit, sich und sein Fahrzeug zu präsentieren. Sehen und gesehen werden gehörten daher immer dazu.

Traditionsgemäß reisten die „Vespisti“ mit Zelt und Schlafsack, das ist auch heute noch oft so.

Besondere Treffen ziehen auch Gäste aus der ganzen Welt an. Zum 50jährigen Jubiläum von Vespa kam einer der Besucher sogar aus San Francisco ins norditalienische Pontedera. Um diese außergewöhnliche Tour zu dokumentieren, wurde die Route auf der „Backe" des P 200 E festgehalten

Zu fast jedem Vespa-Treffen gehören traditionell verschiedene Aktivitäten, wie zum Beispiel ein Geschicklichkeitswettbewerb, bei dem sehr anspruchsvolle Übungen absolviert werden müssen.

Um auf die Aktivitäten der Clubs auch in der Öffentlichkeit aufmerksam zu machen, werden Sternfahrten und Ausflüge in großen Konvois organisiert, an denen bis zu 200 Fahrzeuge teilnehmen.

Die Sieger solcher Wettbewerbe erhalten Pokale, die teilweise in liebevoller Handarbeit aus Teilen eines Vespa-Motors gefertigt werden.

Mitglieder der Vespa-Clubs werden auch nicht jünger, die Fahrzeuge dafür aber immer bequemer. Auf einem reisetauglich ausgestatteten Hexagon kann man problemlos ein Treffen ansteuern, das 500 Kilometer entfernt liegt.

Wer es ganz besonders luxuriös liebt und beim Vespa-Treffen auf sich aufmerksam machen möchte, der sollte seinen Roller mit dem entsprechenden Zubehör ausstatten.

Scooter Tuning Parts
02244/912572
SU
BT 73
CARS SUCK

Kapitel 7

Das Sportgerät

Die Vespa lernt fliegen

Auf die Idee, den Vespa-Roller als Sportgerät einzusetzen, kam man schon sehr früh. Zunächst ging es darum, die Zuverlässigkeit unter Beweis zu stellen, so daß eine Vielzahl von Fern- und Rekordfahrten unternommen wurde.Besondere Erfolge wurden entsprechend „vermarktet".

Nicht nur, daß die 471 Kilometer dieser Sternfahrt nach Travemünde bei Nacht absolviert wurden, es mußte auch noch vermerkt werden, daß das Wetter sehr schlecht war. Hoffentlich waren die drei Teilnehmerinnen bei dieser Erfolgsfahrt besser gekleidet als auf diesem Plakat von 1952.

CLUB
MOTOREX

Dieses Schmuckstück basiert auf einer '87er PX 200 E, von der jedoch nach fast 2 jähriger Umbauzeit nicht viel im Originalzustand geblieben ist.

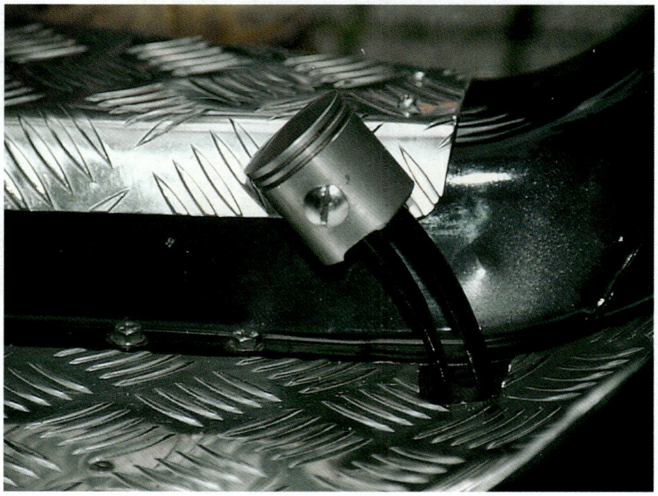

Liebevolle Details verraten das Engagement, das hinter solchen Umbauten steht. Ob dieser Kolben, der nun als Fußbremshebel dient, das Opfer zu heißer Versuchsfahrten geworden ist?

Deutlich zu erkennen ist der Kühler, der den selbstgebauten Zylinderkopf thermisch im Griff hält. Bei fast 140 km/h Spitzengeschwindigkeit ist dies auch dringend notwendig, um die Standfestigkeit des Triebwerks zu gewährleisten.

Wenn man 22 PS aus einem Motor herausholen will, der für maximal die halbe Leistung ausgelegt wurde, müssen besondere Maßnahmen ergriffen werden. Angefangen von der Rennkurbelwelle über einen 207 ccm Rennzylinder mit 30er Del 'Orto-Vergaser bis zu einem selbstgebauten Zylinderkopf mit Wasserkühlung, die Palette der Tuningmöglichkeiten ist für viele Bastler unbegrenzt.

In Deutschland werden zur Zeit verschiedene Roller-Rennserien ausgetragen, an denen bereits Jugendliche ab 10 Jahren teilnehmen können. Die „Deutsche Scooter-Meisterschaft“ von MOTO Aktiv umfaßt 5 Rennklassen, die bundesweit in 7 Rennen um den Titel fahren. In der Klasse 1 werden serienmäßige 50 ccm Roller eingesetzt, in der Klasse 2 starten dann die unlimitierten 50er. Als Königsklasse werden die Fahrzeuge der Klasse 3 bezeichnet, 70ccm Scooter ohne Leistungsbegrenzung. In ihren Fahrleistungen reichen diese Renngeräte sogar an die Fahrzeuge der Klasse 4, offene Motoren bis 190 ccm, heran. In der Kasse 5 starten seriennahe Viertaktroller bis 125 ccm.

Dieser Rennroller vom Typ Piaggio NRG hat einen 69 ccm Motor und läuft je nach Übersetzung bis zu 145 km/h. Mit einem 25er Del'Orto-Vergaser leistet der Motor 22 PS und beschleunigt den nur 74 kg leichten Roller in 8,1 Sekunden von 0 auf 100 km/h. Um sicher verzögern zu können ist dieser NRG (Gesprochen „Energy“) mit Pirelli-Reifen, einer schwimmend gelagerten Scheibenbremse und Stahlflex-Bremsleitungen ausgerüstet.

Kapitel 8

Sammler und Bastler

Die Geschichte lebt

Besondere Verdienste um die Erhaltung der Vespa-Oldtimer kommen zweifelsfrei den vielen Sammlern und Bastlern zu, die in mühevoller Kleinarbeit die Fahrzeuge wiederherstellen und erhalten.
Unter den Sammlern gibt es Spezialisten, die sich besonders mit der Technik beschäftigen, andere sammeln und archivieren alles rund um die Vespa, um den geschichtlichen Hintergrund zu dokumentieren.
Wer von dem Vespa-Bazillus befallen wurde, läuft schnell Gefahr, sich diesem Hobby mit Leib und Seele zu verschreiben. Einer, dem dies bereits vor über 40 Jahren widerfuhr, ist Hans Krüger. Als Vespa-Händler und Spezialist für ausgefallenes Vespa-Zubehör hatte er bereits in den 50er Jahren in der Szene einen guten Ruf. Als einer der Pioniere des Geländesports war er 7 mal hessischer Meister und 1956 sogar Europameister im Geschicklichkeitsfahren. Heute kaum noch bekannt ist, daß damals auch 24 Stunden-Rennen auf Vespa-Rollern ausgetragen wurden. 1957 siegte Hans Krüger bei diesem Wettbewerb auf der Berliner AVUS. Heute unterhält er zusammen mit seiner Familie das wohl größte Rollermuseum Deutschlands in Rüdesheim am Rhein. Das in einer wundervollen Villa direkt am Rhein untergebrachte Museum beherbergt mit seinen 120 Rollern aus aller Welt jedoch nur einen Teil der Sammlung Krüger. Fast eine ganze Etage des Museums widmet sich ausschließlich den Rollern aus dem Hause Piaggio. Im Laufe der vergangenen Jahre hat sich das Museum, in dem es auch ein gemütliches Café gibt, zu einem der Rollerfahrer-Treffpunkte in Deutschland entwickelt.

Das größte deutsche Motorrollermuseum in der historischen Villa Sturm in Rüdesheim am Rhein ist zu einem Mekka der Vespa Szene geworden.

Rollerfahrer aus ganz Deutschland treffen sich im idyllischen Rheintal und machen Rüdesheim und das Rollermuseum zu einem beliebten Ausflugsziel.

Von den über 300 Rollern der Sammlung Krüger werden ständig über 100 im Museum präsentiert.

Welche Mühe und Arbeit in der Restaurierung eines einzigen Rollers steckt, kann man nur ermessen, wenn man die (Wieder)- Entstehungsgeschichte eines solchen Fahrzeuges verfolgt.

Die Bilder dokumentieren die Restaurierung des „U“ Modells von 1953, das auf den Seiten 26 und 27 vorgestellt wurde.

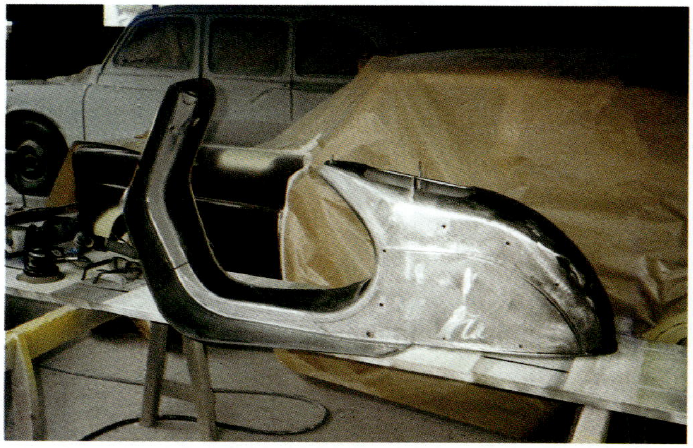

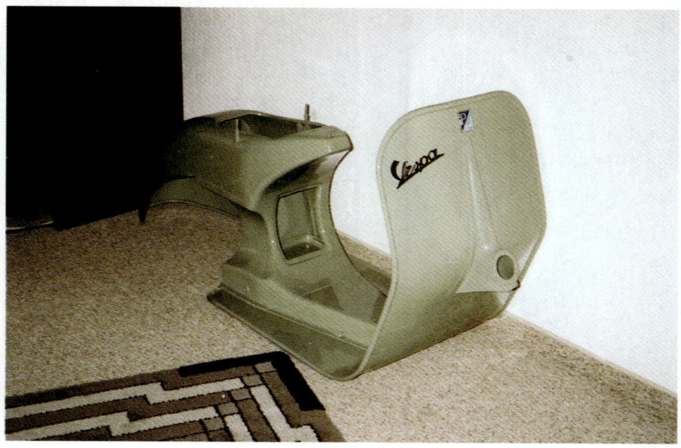

Oftmals erwerben Sammler einen großen Haufen Schrott und machen sich an die Arbeit. In zum Teil internationaler Zusammenarbeit müssen fehlende Teile dann aufgestöbert oder nachgefertigt werden.

Große Ersatzteilmärkte sind bei der Teilebeschaffung eine Hilfe, obwohl die Preise entsprechend der großen Nachfrage nicht gerade niedrig sind.

Sich in der Szene auszukennen und vielfältige Kontakte zu pflegen, ist für Vespa-Fans, vor allem aber für die Sammler von besonderer Bedeutung. Da wird mit Hilfe von Freunden monatelang nach einer Plakette oder einem alten Plakat gefahndet, Flohmärkte werden planmäßig durchkämmt, und es wird getauscht und gehandelt.

Nicht selten sieht es in der Wohnung eines Vespa-Verrückten so aus wie bei dem bekannten Sammler Robin Davy aus München. Nicht nur Roller aus allen Vespa Baureihen sammelt er seit Jahren, alles was auch nur im entferntesten mit „seiner“ Vespa zu tun hat, findet sich in seiner Sammlung. Plakate, Prospekte, Plaketten und Postkarten, Werbegeschenke, Zubehör und Spielzeug zum Thema Vespa füllen fast die ganze Wohnung.

Oftmals sieht es in Keller und Garage nicht anders aus. Da eine Vespa-Sammung schneller wachsen kann als der Platz in Haus und Hof, wird es bei vielen Sammlern recht eng.

Tolle Umbauten

Die Bastler unter den Vespa-Fans schrecken vor der Umsetzung keiner auch noch so ausgefallenen Idee zurück. Ob es nur eine schrille Lackierung ist oder ein Totalumbau, ob man die Vespa nach einem Motto oder für einen bestimmten Zweck herrichtet, es gibt fast nichts, was nicht im Laufe der Jahrzehnte aus der kleinen Blechkarosserie und der Treibsatzschwinge gebastelt wurde.

Aufwendige Airbrush-Lackierungen gehören in der Vespa-Szene zu den beliebtesten Veredelungen. Daß solche Arbeiten auch die modernen Modelle passend schmücken, beweisen diese Bilder.

Auf die englische Jugendkultur der frühen 60er Jahre geht der Mod-Style - abgeleitet von Modernist - zurück. Die Vespen wurden über und über mit Chrom, vor allem verchromten Rückspiegeln ausgestattet. Ob die jedoch einer ausreichenden „Rücksicht“ dienlich waren, bleibt dahingestellt.

Ready
Steady
Go

Asterix

Dieser „Asterix" Roller ist ein wunderschönes Beispiel für den Spieltrieb mancher Vespa-Fans. Man beachte die schwungvoll beschnittenen Beinschilde und die Ziermuttern am Vorderrad. Diese erinnern an die martialische Bewaffnung römischer Kampfwagen. Besonders schön sind auch die Holzvertäfelungen an Front und Heck.

Nach dem Motto „weniger ist oft mehr" versuchen manche Tüftler, das Tempo ihrer Maschine nicht nur durch Tuningmaßnahmen zu steigern sondern auch durch Gewichtseinsparung.
Wenn, wie bei diesen beiden Modellen, der große Dosenöffner angesetzt wurde, ist anschließend die anspruchsvolle Renntechnik besonders gut zu sehen.

Aber nicht nur die humoristischen oder rennsportlichen Bastler machen sich über die Vespa her. Ganz praktische Ideen sind oft die Grundlage für einen Eigenbau.
Wer lange Wochenenden zu Vespa-Treffen in ganz Europa unterwegs ist, möchte seinen vierbeinigen Freund vielleicht mitnehmen. Ein überdimensionales „Hunde-Top Case" ist die Lösung.

Besonders leicht und dabei unverwüstlich sollte dieses Modell werden. Zuerst wurde der Bohrer angesetzt, um fast das gesamte Chassis zu durchlöchern und dann bekam es gegen den Rost noch ein Bad in flüssigem Zink.

Kapitel 9

Vespa-Modelle heute

Fit für die nächsten 50 Jahre

In der heutigen Piaggio-Modellpalette findet jeder Rollerfan sein passendes Modell. Vom Mofaroller bis zum 250er Tourenschiff,- alles was das Herz begehrt, ist lieferbar.

Zip

Der Roller „Zip“ kam 1992 als Mofa- und Mokickversion auf den Markt und leistete 3,9 PS aus 49 ccm. Mit ihm wird vor allem durch den attraktiven Preis von DM 3100.- und die pfiffige Ausstattung die jugendliche Klientel angesprochen. Vom Zip gab es bis 1997 eine interessante Variante, den Zip&Zip Bimodale. Er war äußerlich vom Zip-Base kaum zu unterscheiden und doch ein echter „Technologieträger“. Bimodale weist auf 2 Motoren im Inneren dieses kleinen Rollers hin, und genau so war es. Einerseits trieb ein 3,8 PS Benzinmotor das Fahrzeug an, aber auch der 650 Watt Gleichstrommotor mit 2 Blei-Akkus (12 Volt/ 40 Ah) brachten den Fahrer bei Bedarf weiter. Der Zip&Zip war bei seiner Vorstellung 1994 der erste in Großserie hergestellte „Hybrid-Roller“. Mit dem Zweitaktantrieb lief der Zip&Zip 50 km/h, schaltete man auf den Elektromotor um, konnte man immerhin 75 Minuten mit maximal 25 km/h unterwegs sein. Um die Batterien wieder voll aufzuladen, mußte man ca. 8 Stunden an eine 220 Volt Steckdose. Der Ladezustand ließ sich während der Fahrt jederzeit im Cockpit ablesen. Sollte dann aber doch einmal die Batterie leer sein, konnte man mit dem Benzinantrieb weiterfahren. Der Zip&Zip kostete mit DM 5494.- jedoch fast doppelt so viel wie der Zip Base, was der Grund für die Einstellung der Produktion gewesen sein dürfte.

ET 2

Der Mokickroller ET 2 ist bis auf den Motor nahezu identisch mit seinem großen Bruder, dem ET 4.
Mit 3,7 PS ist der kleine Zweitakter gut motorisiert und in der Einspritzversion sind die Abgaswerte deutlich geringer. Das Modell mit dem Zusatz „Injektion“ verfügt über eine mechanische Einspritzung, bei der das Gemisch mit Hilfe eines kleinen Kolbens im Zylinderkopf in den Brennraum eingespritzt wird. Diese Technik ist eine Premiere im Rollerbau und verhilft dem ET2 zu besserer Leistung bei geringerem Kraftstoffkonsum.

Free 25 / 50

Seit 1993 wird das Modell Free angeboten. Als Mofa-Version mit 1,4 PS läuft es 25 km/h, das Mokick schafft dank 4 PS die 50 km/h Marke. Hätte der Free nicht die Automatik, den freien Durchstieg und die zwei Staufächer, könnte man dieses Modell auch als Moped bezeichnen. Die 14-Zoll-Räder und die Telegabel verleihen dem Free ein recht stabiles Fahrverhalten. Mit DM 3495.- ist der Preis für beide Versionen gleich.

ET 4

Neben dem Großroller Hexagon ist der 1996 vorgestellte ET 4 das Flaggschiff der Piaggio-Flotte. Als erster Viertakter wurde er anläßlich der Feiern zum 50jährigen Bestehen von Piaggio der Weltöffentlichkeit präsentiert und hat sich seither in die Herzen vieler Rollerfreunde gefahren. Der ET 4 knüpft mit seinem Chassis aus Stahlblech wieder an die alten Traditionen an, was auch am sogenannten „Retro-Design“ zu erkennen ist. In der Formgebung ist es gelungen, klassische Stilelemente so einzubringen, daß die Herkunft des Rollers sofort zu erkennen ist ohne auf ein modernes Design verzichten zu müssen. Der überaus leise und sparsame Motor leistet 11 PS, und die Höchstgeschwindigkeit des mit 111 kg nicht ganz leichten Rollers ist mit 95 km/h völlig ausreichend. Von der ET4 baute Piaggio in nur 2 Jahren über 100.000 Stück.

Liberty 25 / 50

Zur ET-Familie gehört auch der von der Technik und den Gestaltungsmerkmalen nahezu gleiche Liberty-Großradroller. Dieser wird ebenso wie der ET 2/4 als 50er und 125er angeboten. Die technischen Daten für die Antriebe sind daher nahezu identisch mit den entsprechenden ET Modellen, das Fahrverhalten ist durch die großen Räder jedoch einem Motorrad nährer als einem Roller.

TPH 50 / 125

Der TPH war einer der ersten Motorroller, der durch ein bewußt aggressives Äußeres auf sich aufmerksam machte. Die Entstehung der Gattung „Fun-Roller", die auch für den Einsatz in leichtem Gelände geeignet waren, geht auf dieses Modell zurück. Die Mokickversion mit 4 PS kann der auffälligen Kostümierung natürlich nicht ganz so gerecht werden wie der große 125er Bruder. Mit 12 PS sind die Fahrleistungen, besonders das Sprintvermögen dieses „Leichtkraftrollers" beachtlich.

Der NRG stapelt doch ein wenig hoch. Ob die wassergekühlten 4,4 PS den Namen, der gesprochen „Energy" bedeutet, auch rechtfertigen? Fest steht, daß dieses Modell durch seine 13-Zoll-Räder und die Upside-down-Gabel samt Scheibenbremse ein exzellentes Fahrverhalten hat und zumindest in seiner technischen Basis alle Anlagen hat, das Versprechen zu halten.

PX 125 / 200 E / Lusso

Die PX Modelle gab es ursprünglich mit 80, 125, 150 und 200 ccm Motoren. Heute wird dieser Klassiker noch als 125er Leichtkraftroller und als 200er angeboten. Bei den PX ist im Grunde alles so geblieben, wie es schon immer war. Parallel kamen und verschwanden zum Teil deutlich modernere Konstruktionen wie zum Beispiel die Cosa. Die PX ist geblieben, was sie schon immer war, der Archetyp einer Vespa. Und obwohl es bei der Stahlblechkarosserie geblieben ist, gehören die PX noch lange nicht zum alten Eisen. Heute gehört natürlich eine Getrenntschmierung, ein E-Starter und ein Einschlüsselsystem zur Serienaustattung. Die Motoren leisten 8,6 bzw. 12 PS, die Spitzengeschwindigkeiten betragen 89 km/h bei der kleinen PX und 100 km/h bei der großen Schwester.

Sfera 50/125

Im internationalen Wettbewerb des beginnenden Rollerbooms konnte Piaggio bereits 1991 mit der Sfera 50 einen Hit landen. Der erste Piaggio Roller mit einer Vollkunststoff-Karosserie wurde bereits kurz nach seiner Markteinführung ein Verkaufsschlager. Heute wird der Sfera als 125er mit einem Viertaktmotor angeboten und stellt damit die äußerlich modernere Variante des ET 4 dar. Mit DM 5195.- ist er fast DM 500.- billiger als der „Blech-Roller" ET4 und markiert damit zusätzlich seine Position als wirtschaftliches Alltagsgefährt.

SKR 125/150

Mit dem 1993 vorgestellten Modell SKR125, das in anderen Märkten den Namen „Skipper“ trägt, beschritt Piaggio wieder einmal neue Wege. In allen technischen Belangen übertraf dieses Modell sämtliche Piaggio-Roller der Vergangenheit. In der Gestaltung des Kunststoffkleides verabschiedete man sich jedoch auch konsequent von der so ruhmreichen Vergangenheit. Das zweifellos sehr zeitgemäße Design war jetzt recht nah an die fernöstliche Konkurrenz angelehnt und man befürchtete, die Identität der Piaggio-Produkte könnte verloren gehen. Diese Angst war unbegründet, denn der SKR hatte großen Erfolg und behauptet noch heute als 150er seinen Platz in der Modellpalette. Was man unter dem gefälligen Kunststoffkleid gar nicht erwartet, der 150er Zweitakter macht mit seinen14 PS den SKR zu einer echten Rakete. Mit DM 5095.- ist er ein sehr attraktives Angebot, der Fahrer muß jedoch über einen Motorradführerschein verfügen.

Hexagon 125/180/250

Der Piaggio Hexagon stellt mit seiner aktuellen 250er Motorisierung den Komfortgipfel in der Piaggio-Palette dar. Aber auch die wassergekühlten 125er und 180er Zweitakter machen diesen „Sofaroller“ zu einem spritzigen Gefährt. Ähnlich wie die Hoffmann -Vespa von 1954 wird auch dieser Roller im Piaggio-Prospekt als „Der König unter den Motorrollern“ bezeichnet. Dies erscheint jedoch etwas übertrieben, da die japanische Konkurrenz das Segment der Luxusroller bereits bediente, als der Hexagon 1994 vorgestellt wurde. Zweifellos ist der Hexagon mit seiner bequemen Sitzbank, dem großen und beleuchteten Staufach und der kompletten Ausstattung der Reiseroller schlechthin.

PIAGGIO

Gilera Runner

Bereits 1969 hatte Piaggio die ebenfalls italienische Motorradschmiede Gilera übernommen. Vorläufiger Höhepunkt ist heute der Gilera Runner, der leistungsstärkste Serien-Zweitakt-Roller mit 20 PS.

Auch in die Zukunft schauen die Piaggio Techniker und Designer, um die Transportprobleme des neuen Jahrhunderts lösen zu können. Zwei sehr interessante Studien zu dieser Fragestellung sind dieses Dreirad und sein vierrädriges Pendant.